한국의 전통문양과 자연을 담은
페이퍼 커팅 아트

도화지

칼 : 刀
그림 : 畵
종이 : 紙

윤소 지음

BM 성안당

한국의 전통문양과 자연을 담은
페이퍼 커팅 아트
도刀화畵지紙

2016. 8. 17. 1판 1쇄 인쇄
2016. 8. 25. 1판 1쇄 발행

저자와의
협의하에
인지생략

지은이 | 윤소
펴낸이 | 이종춘
펴낸곳 | BM 주식회사 성안당
주소 | 04032 서울시 마포구 양화로 127 첨단빌딩 5층(출판기획 R&D 센터)
　　　 10881 경기도 파주시 문발로 112(제작 및 물류)
전화 | 02) 3142-0036
　　　 031) 950-6300
팩스 | 031) 955-0510
등록 | 1973. 2. 1. 제406-2005-000046호
출판사 홈페이지 | www.cyber.co.kr
ISBN | 978-89-315-7971-0 (13630)
정가 | 14,800원

이 책을 만든 사람들
책임 | 최옥현
편집 | 정지현
기획 · 진행 | 상:想 company
교정 · 교열 | 김희주
포토그래퍼 | A · G kang
본문 · 표지 디자인 | 상:想 company
홍보 | 박연주
국제부 | 이선민, 조혜란, 김해영, 김필호
마케팅 | 구본철, 차정욱, 나진호, 이동후, 강호묵
제작 | 김유석

이 책의 어느 부분도 저작권자나 BM 주식회사 성안당 발행인의 승인 문서 없이 일부 또는 전부를 사진 복사나
디스크 복사 및 기타 정보 재생 시스템을 비롯하여 현재 알려지거나 향후 발명될 어떤 전기적, 기계적 또는
다른 수단을 통해 복사하거나 재생하거나 이용할 수 없음.

※ 잘못된 책은 바꾸어 드립니다.

들어가며

조선 시대 화원(畫員)이 담아낸 자연과 어우러진 옛 선조들의 모습은 언제나 풍요로워 보여, 그들의 숨겨진 이야기가 무척이나 궁금했습니다.

혜원 신윤복의 그림 속 한 명 한 명의 인물들에 대한 호기심은 저만의 이야기꽃을 피웠고, 그림에 담긴 시는 상상력을 더해주었습니다. 또, 신사임당의 그림은 희망과 바람을 채소와 곤충으로 풀어내는 지혜를 알게 했습니다.

저는 한국의 자연이 갖는 풍성한 꽃과 동물, 전통문양을 《도화지(釖畫紙)》에 담았습니다. 또한, 신윤복과 신사임당의 이야기와 함께 자연에 물들고, 닮기 바라는 마음을 그려 보았습니다.

《도화지》는 페이퍼 커팅을 처음 접해보시는 분을 위한 초급 레벨부터 도전을 위한 고급 레벨까지 꾸며져 있습니다. 또한, 커팅에 그치지 않고, 여러분의 칼끝으로 그려낸 아름다움이 입체로 탄생할 수 있도록 만들기가 구성되어 있습니다.

《도화지》의 페이지 하나하나에 담긴 이야기, 자연의 넉넉함, 전통문양과 옛 그림의 아름다움이 오리는 시간 내내 독자 여러분과 함께 호흡하길 바랍니다.

윤소
YUNNSO

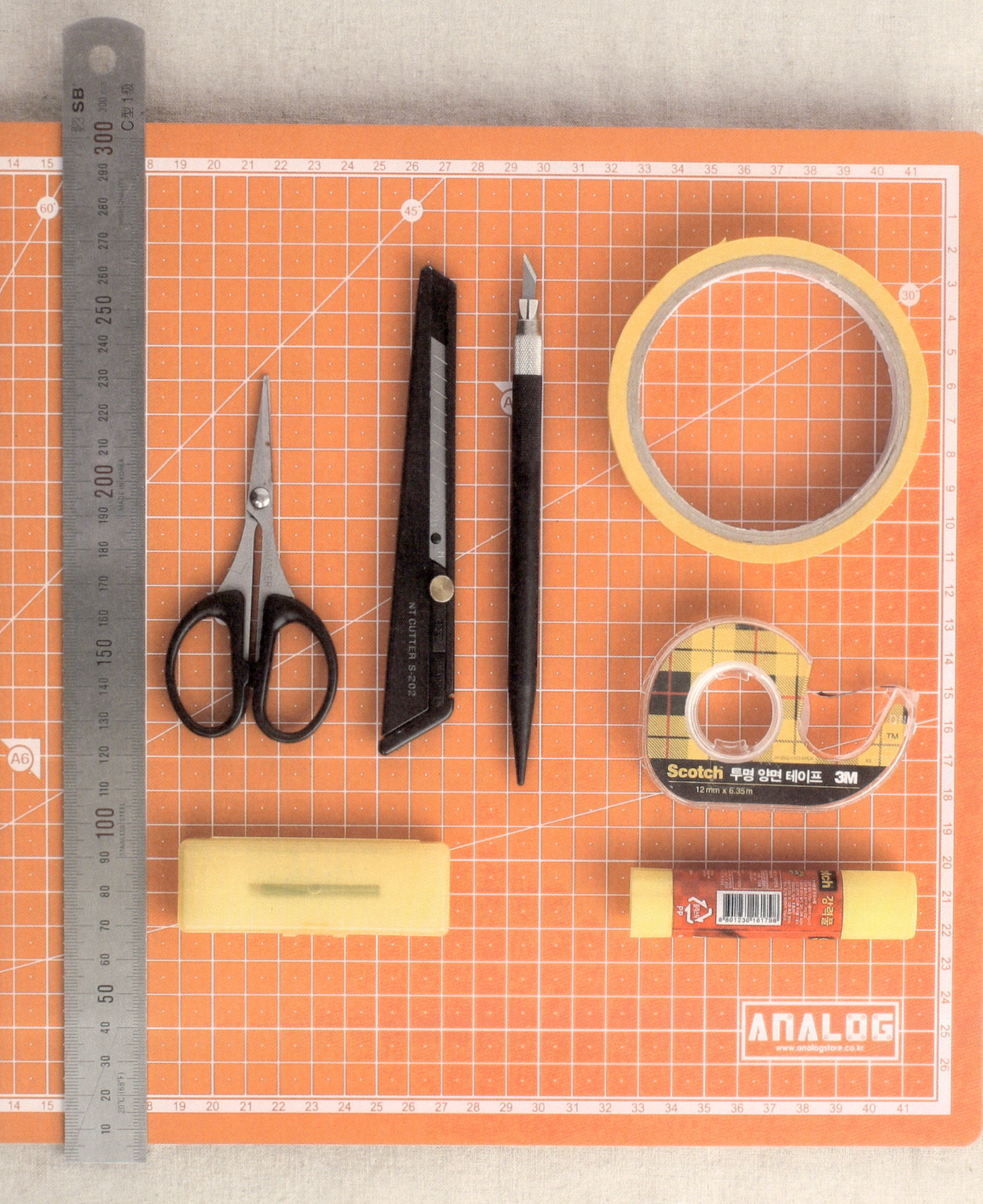

 준비물

고무 매트

페이퍼 커팅 아트의 정교하고 세밀함이 요구되는 칼 작업을 위해서는 고무 매트가 필요합니다. 고무 매트는 바닥에 칼자국이 나지 않게 해주고, 커팅 시 칼날이 미끄러지는 것을 방지해줍니다. 고무 매트의 사이즈는 자신이 작업하려는 종이보다는 큰 것이 좋고, 지속적인 작업으로 매트에 칼자국이 많을 경우에는 교체해주는 것이 좋습니다.

칼(아트 나이프 · 문구용 칼)

문구용 칼을 사용해도 좋지만, 섬세한 작업을 위해서는 손에 쥐기 쉬운 펜 형태의 아트 나이프가 수월합니다. 칼날의 각도는 다양한데, 23°~32° 정도의 칼날은 선이 잘 보일 뿐 아니라 가늘고 세밀한 작업에 용이하며 각도가 낮아질수록 칼끝이 뾰족해집니다.

TIP 칼을 사용할 때 가장 중요한 것은 칼을 쥐는 각도입니다. 손에 칼을 쥔 경사가 90°에 가까울수록 칼날이 세워지는데, 이때 세밀한 작업이 가능합니다. 반대로 완만해질수록 강하게 힘을 줄 수 있으며, 유연한 면적을 자르거나 직선을 자르기에 좋습니다.

가위

커팅할 면을 오리거나, 다 오려낸 종이의 끝을 다듬을 때와 테이프를 자를 때 필요합니다.

자

깔끔하게 직선을 자를 때 필요합니다.

접착제(마스킹 테이프 · 풀 · 양면테이프)

마스킹 테이프는 일반 테이프보다 접착력이 약해 떼었다 붙였다가 용이합니다. 작업하다 비교적 찢기기 쉬운 부분에 붙여두면 좋습니다. 페이퍼 커팅 후 입체로 만드는 페이지에서 풀이나 양면테이프가 필요합니다.

 # 방법

원하는 그림을 고른 후, 책에서 잘라 고무 매트 위에 준비합니다. 칼이나 가위로 커팅할 부분을 대략 오려줍니다(커팅할 그림이 작거나 전체 면일 경우에는 그대로 둡니다).

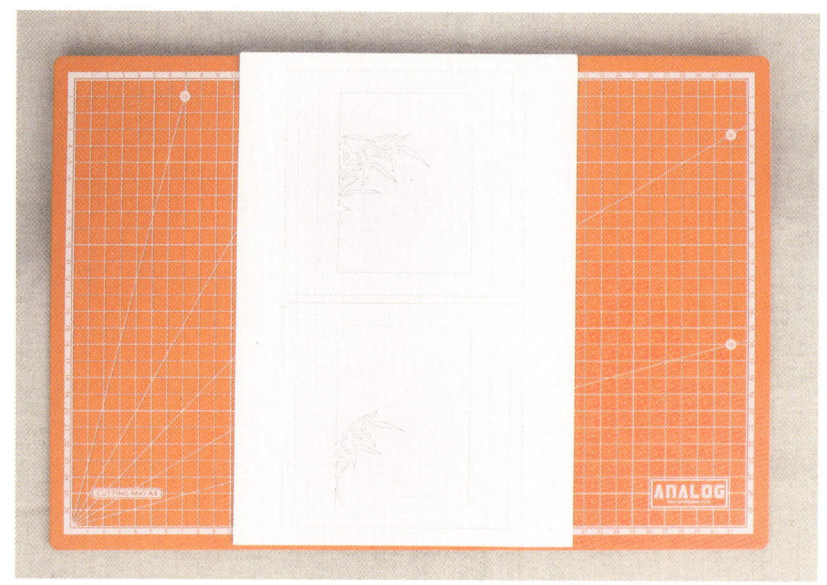

그림 안쪽의 둥글고 작은 면부터 큰 면 순서로 자르는 게 좋습니다. 둥근 부분은 종이를 돌려가며 오려내고, 직선 부분은 자를 이용하면 깔끔하게 자를 수 있습니다.

그림의 안쪽을 모두 오려낸 뒤, 종이가 찢기지 않도록 단면을 칼로 그리듯 천천히 떼어내고, 그림의 외곽을 자른 후 뒤집으면 완성입니다.

입체로 만드는 페이지의 경우, 접는 선 표시 부분을 칼등으로 살짝 긋고 접어줍니다.

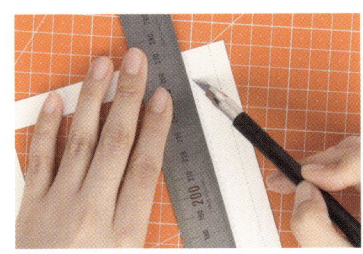

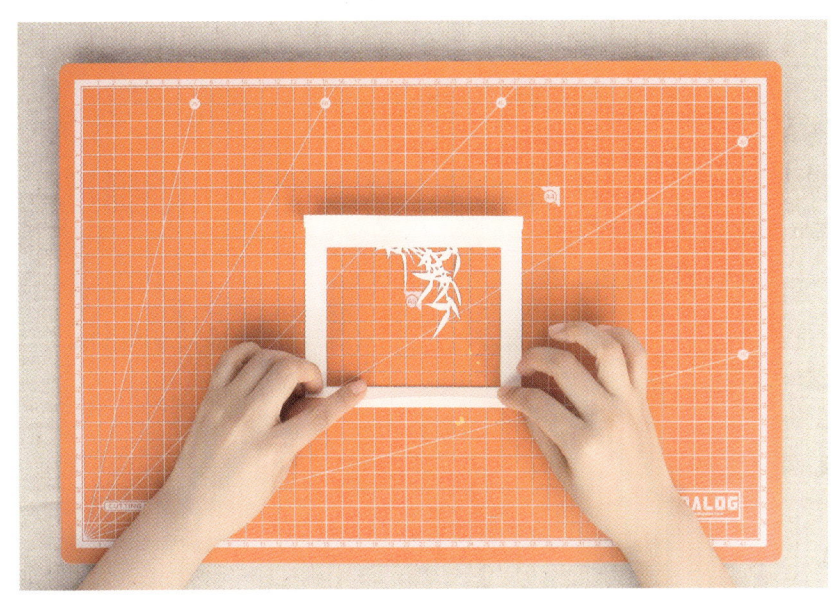

다 오려낸 다른 종이도 같은 방법으로 만든 후, 접착제를 붙이거나 끼워서 세우면, 액자나 카드, 장식품이 완성됩니다.

일러두기

· 본 책은 커팅 부분을 면(17~35P/81~109P)에서, 선(37~79P/111~119P)으로 구성하여 커팅의 난이도를 조절하였습니다.

· 페이퍼 커팅 아트의 모든 도안은 좌우가 반전되어 있으므로, 커팅 후 뒤집으면 완성됩니다. 완성작품을 미리 보기 하시려면 13쪽에서 확인하실 수 있습니다.

· 커팅한 작품에 검은색, 민트색 등의 다양한 색상을 입혀 볼 수 있습니다.

책에서 오려낸 작품을 액자, 캔들, 모빌 장식품으로 활용해도 좋아요. (작품 : 왼쪽·아래 31, 35, 85, 89P / 위 25P / 오른쪽 27, 81P)

커팅 작업 이정은   커팅 작업 이정은

꽃을 엮어낸 리스와 혜원 신윤복의 단오풍정(端午風情), 쌍검대무(雙劍大舞)를 재해석한 그림으로 주변을 장식해 보세요.
(작품 : 위 왼쪽 49, 95P / 위 오른쪽 79, 109P / 아래 115P)

커팅 작업 이정은

쉽게 접하지 못했던 신사임당의 초충도(草蟲圖)8곡병을 재해석한 그림을 나만의 공간에 담아도 좋아요.
(작품 : 위 왼쪽 39P / 위 오른쪽 41P)

커팅 작업 이정은

사군자의 하나인 대나무, 종이로 된 작은 대나무 숲을 만들어보세요.(작품 : 69, 71, 117, 119P)

커팅 작업 이정은

커팅 작업 이정은

재해석한 혜원 신윤복의 풍속화(風俗畵) 속 선남, 청루소일(靑樓消日)의 선녀를 만나고, 꽃 중의 군자로 불리는 연꽃으로 주변을 장식해 보세요.
(작품 : 위 왼쪽 73, 101P / 위 오른쪽 75, 103P / 아래 59, 113P)

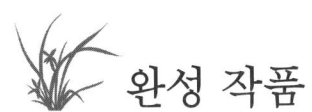

완성 작품

운기문(조선, 고려, 통일신라시대 등의 다양한 구름 무늬)(17P)

전지기법의 문살 문양과 금문(19P)

전지기법의 문살 문양과 금문, 21P와 23P를 세워 촛대나 조명 갓으로 활용(21P)

전지기법의 문살 문양과 금문, 21P와 23P를 세워 촛대나 조명 갓으로 활용(23P)

거북이 등을 연상케 하는 귀갑문, 파도를 연상케 하는 수파문의 캔들 틀(25P)

숲 속 동물(27, 81P)

나비(29, 83P)

잎과 열매(31, 85P)

연화1(연꽃)(33, 87P)

한국에 자생하는 꽃(35, 89P)

꽃 묶음(37, 91P)

조선시대 문인 화가 신사임당, 초충도(草蟲圖)8곡병의 어숭이와 개구리, 재해석(39P)

조선시대 문인 화가 신사임당, 초충도(草蟲圖)8곡병의 양귀비와 도마뱀, 재해석(41P)

조선시대 문인 화가 신사임당, 초충도(草蟲圖)8곡병의 산차조기와 사마귀, 재해석(43P)

조선시대 문인 화가 신사임당, 초충도(草蟲圖)8곡병의 맨드라미와 쇠똥벌레, 재해석(45P)

들꽃 리스(47, 93P)

목화 리스(49, 95P)

꽃과 사슴(51, 97P)

모란 꽃다발(53P)

조선시대 화가 남계우, 화접도(花蝶圖)의 재해석(55P)

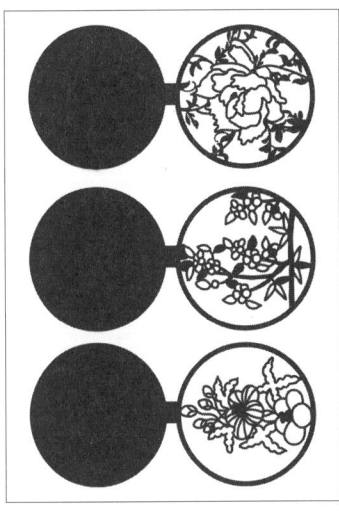
초화문 (초화문, 초화문, 모란당초문)(57, 107P)

연화2(연꽃)(59, 113P)

조선시대 문인 화가 신사임당, 포도의 재해석(61, 99P)

은방울꽃(63P)

매화(사군자)와 새(65P)

목련(67P)

대나무(사군자) 숲(69, 71P / 117, 119P)

조선시대 풍속 화가 신윤복, 풍속화(風俗畵), 재해석(73, 101P)

조선시대 풍속 화가 신윤복, 청루소일(靑樓消日), 재해석(75, 103P)

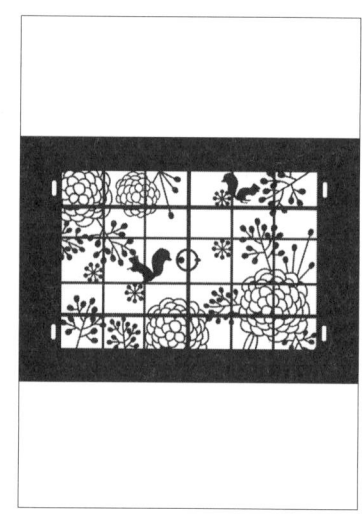
우리 창(77, 105P)

조선시대 풍속 화가 신윤복, 단오풍정(端午風情), 재해석(79, 109P)

국화(사군자), 난초(사군자)(111p)

조선시대 풍속 화가 신윤복, 쌍검대무(雙劍大舞), 재해석(115P)

일러두기

· 도안을 자른 후 뒤집으면 완성입니다.

완성 작품(13~16P)의 그림은 도안의 완성 모습이니 확인해 보세요(도안은 반전이 되어 있습니다).

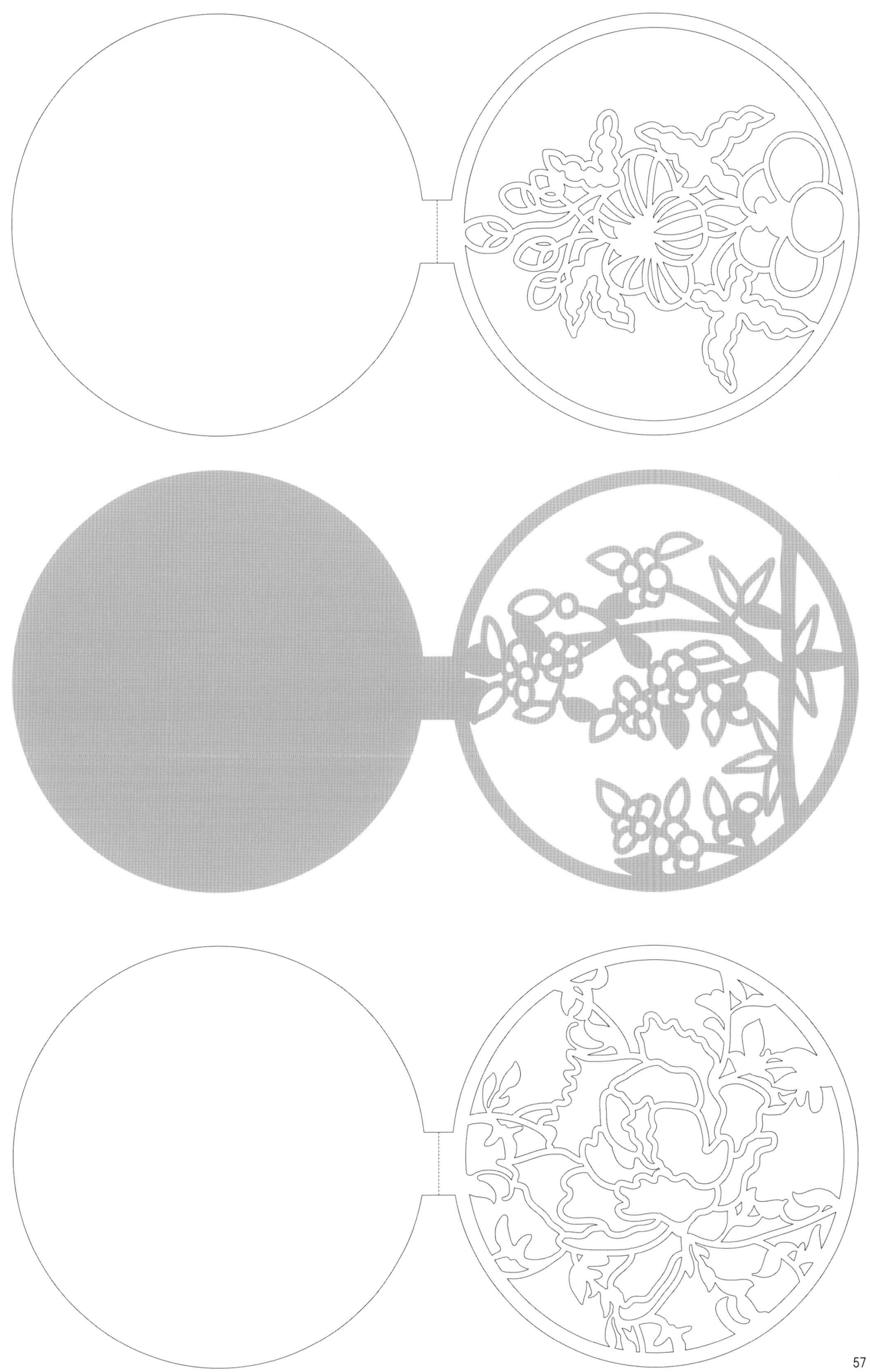